BARREAU DE PARIS

DES

LÉGISTES

ET

DE LEUR INFLUENCE

AU DOUZIÈME ET AU TREIZIÈME SIÈCLE

DISCOURS

PRONONCÉ

PAR F.-E. LEFÈVRE

AVOCAT A LA COUR IMPÉRIALE

PARIS

PAGNERRE, LIBRAIRE-ÉDITEUR

18, RUE DE SEINE, 18

1859

DES LÉGISTES

ET

DE LEUR INFLUENCE

PARIS. — IMP. SIMON RAÇON ET COMP., RUE D'ERFURTH, 1.

BARREAU DE PARIS

DES

LÉGISTES

ET

DE LEUR INFLUENCE

AU DOUZIÈME ET AU TREIZIÈME SIÈCLE

DISCOURS

PRONONCÉ

A LA SÉANCE D'OUVERTURE DES CONFÉRENCES DE L'ORDRE DES AVOCATS

LE 20 NOVEMBRE 1859

PAR F.-E. LEFÈVRE

AVOCAT A LA COUR IMPÉRIALE

PARIS

PAGNERRE, LIBRAIRE-ÉDITEUR

18, RUE DE SEINE, 18

1859

A MON CHER ONCLE

AUGUSTE VACQUERIE

Memoriæ pignus et spei.

Messieurs et chers Confrères,

C'est un des plus grands charmes que puisse goûter l'esprit humain que de parcourir les monuments où se trouve perpétuée la mémoire du passé, de remonter en quelque sorte le cours des choses d'autrefois et d'en rechercher les événements, les caractères et les vestiges. D'où nous vient ce penchant, messieurs? N'y aurait-il là qu'un vain appétit de curiosité? Serait-ce donc une si vive jouissance que de classifier dans sa mémoire des chiffres, des batailles, des noms de villes ou des titres de souverains, et ne pourrait-on rencontrer dans l'histoire rien qui ne se trouvât heureusement condensé dans un résumé chronologique ou dans une table de matières?

Non, messieurs. Les faits ne valent pas seulement par leur date, mais au contraire par leur portée. L'humanité, dans sa marche sans cesse progressive, ne suit pas une voie toujours nouvelle, où rien de ce que l'on aperçoit ne rappelle ce que l'on a dépassé. Il est des moments où les mêmes conjonctures se représentent, et où, par suite, la connaissance des vicissitudes antérieures est, pour quiconque se mêle, au moins par la pensée, à la marche de son temps, un enseignement salutaire et une profitable expérience. L'homme est d'ailleurs, à travers tous les temps, un et identique avec lui même. Ses actions peuvent bien se modifier dans leurs apparences, mais elles restent les mêmes au fond. Leurs mobiles sont éternels, et où les causes demeurent, les effets ne sauraient varier. Les Gracchus, les César, les Thersite, les Zoïle, les Aristarque, n'appartiennent pas seulement à l'antiquité; les Solon, les Démosthène, les Aratus, peuvent vivre de notre temps comme autrefois; parfois encore on trouve des Clodius; tous les jours on rencontre des Pisistrate.

Il y a donc dans l'histoire, messieurs et chers confrères, autre chose qu'un intérêt d'érudition, il y a encore un intérêt de pratique. Aussi n'avons-nous jamais pu comprendre cette impartialité de parti pris, et cette impassibilité quand même, que l'on a trop de fois, et sans y bien réfléchir, demandées à l'historien, qui ne servent souvent qu'à déguiser, par l'absence de toute réflexion, l'absence de toute opinion, et qui, dans telle circonstance et devant tel fait, ne sont pas seulement des défauts, mais touchent presque au crime. L'historien ne doit jamais altérer les faits, mais il doit toujours les juger; il doit sentir et apprécier ce qu'il expose; il lui faut un drapeau, des passions et des dieux. L'histoire prétend être l'école de l'humanité, il faut donc qu'elle ait, comme toute école, sa doctrine et son système; qu'elle écrive, quoi qu'en ait dit l'un de ses maîtres, non pour raconter, mais pour prouver, et qu'elle nous montre (pour employer notre langue du Palais), non pas seulement des pièces, mais aussi des conclusions.

A ce compte, messieurs, et s'il est dès lors vrai que l'époque la plus digne d'être étudiée est celle qui peut le mieux solliciter notre intelligence par de graves problèmes résolus ou seulement posés, exciter notre enthousiasme par de grands faits accomplis, former notre sens moral par le spectacle de ce qui fut mal et de ce qui fut bien, nous guider par ses tâtonnements mêmes, nous aider par ses succès, nous instruire par ses réformes, nous montrer en germe les institutions qui nous sont les plus chères et les principes auxquels nous avons dévoué nos vies; quel moment dans la série des âges appellerait à plus juste titre notre attention que celui dont nous avons reçu le périlleux honneur d'entreprendre l'étude? Nous voulons parler du douzième et du treizième siècle.

C'est alors que commence à se dissiper ce chaos informe dans lequel se sont si longtemps perdues les forces de ce moyen âge si remuant et jusque-là si stérile. C'est alors qu'une activité dévorante, emportant toutes les classes, inspirant à celles-ci de nouvelles actions, à celles-là de nouvelles idées, va changer la face du vieux monde, et poser les bases d'une organisation meilleure et d'une civilisation nouvelle. Le douzième siècle donne le signal; ce n'est guère encore qu'un moment de préparation et de transition. Mais le siècle suivant est une époque de rénovation générale et de renaissance universelle. Dans l'ordre politique, la féodalité détestée et abaissée, le clergé réprimé, la royauté fortifiée de tout ce qu'ont perdu l'Église et la noblesse, les ordonnances promulguées, le Parlement constitué, le roi s'emparant, par les nouveaux principes judiciaires, d'une supériorité que les armes n'auraient jamais pu lui donner, les conquêtes des bailliages, les progrès des appels pour défaute de droit et pour faux jugement, les cas royaux, les appels comme d'abus, dont l'avocat général Servin disait que, s'il avait connu leur inventeur, il lui aurait fait ériger une statue;—d'un autre côté, le culte des arts et des sciences rapporté comme la meilleure conquête des croisades; — et, comme si toutes les lumières devaient jaillir ensemble, les universités fondées, l'enseignement écouté avec passion, des milliers d'étudiants franchissant les frontières de France ou d'Italie, le droit romain proscrit par le Saint-Siége et dominateur du monde, Aristote jeté au feu par un concile et vengé par l'admiration des peuples;—voilà, messieurs, pris au hasard et jetés en désordre, quelques-uns des mille tableaux que présente cette merveilleuse époque.

Et en même temps, comme pour prouver que l'oppression n'a pas de meilleur appui que l'ignorance, et que toute lumière jetée dans les esprits se traduit immédiatement par une aspiration nécessaire vers la liberté, on voit les idées d'affranchissement éclater de toutes parts, les communes se développer, la bourgeoisie se créer, le tiers état se faire pressentir; et les rois, entraînés et débordés par cette effervescence universelle, proscrire, au nom de la loi naturelle, l'institution du servage, et proclamer, au moins en principe, le droit de franchise pour tous.

Le droit, messieurs, ne fut étranger à aucune de ces grandes choses. Partout il les crée, les prépare ou les accompagne, et les siècles que nous allons dépeindre n'ont pas connu de plus hardis révolutionnaires que les hommes dont la vie s'était consacrée aux lois. Théoriciens ou hommes de pratique, professeurs ou officiers de justice, avocats ou écrivains, toute cette foule juridique dont les rôles étaient divers, mais les aspirations identiques, — les légistes, pour les nommer d'un seul mot, — attaquèrent comme par instinct le vieux monde féodal et le brisèrent sous les coups d'une arme d'autant plus dangereuse que l'on ne pouvait apprécier d'abord la gravité de ses atteintes : cette arme était le Droit romain.

I

On connaît le récit vulgairement accrédité sur la renaissance du droit romain au douzième siècle. En 1135 ou 1136, un exemplaire des Pandectes, jusqu'alors complétement oubliées, aurait été découvert dans la ville d'Amalfi, assiégée et prise par l'empereur Lothaire II, assisté de la flotte des Pisans; et le vainqueur, pour récompenser ses auxiliaires, leur aurait donné le manuscrit. Aussitôt on dirait que l'éclat d'une lumière subite aurait frappé tous les yeux; l'importance doctrinale et pratique du livre nouveau aurait été immédiatement sentie; l'école de Bologne se serait tout d'un coup formée; enfin, ç aurait été d'un moment à l'autre, sans précédents, à l'improviste, un enthousiasme universel et une autorité incalculable.

La raison, messieurs, résiste à de pareilles invraisemblances, et il paraît inutile de recourir aux documents là où la réflexion suffit. En effet, la découverte plus ou moins réelle de la lettre des Pandectes, leur conquête plus ou moins problématique, l'orgueil plus ou moins justifié que leurs possesseurs tiraient de ces circonstances, la perfection graphique du manuscrit, son origine, qui, disait-on, remontait à Justinien même : tout cela pourra justifier l'admiration qui s'attacha au livre, le culte dont il fut entouré, les précautions jalouses que l'on prenait, à Pise d'abord, puis à Florence, pour sa conservation ; — cela pourra faire comprendre que ce fût pour les savants à la fois une ambition et un titre de gloire que de consulter son texte ; — mais jamais l'admiration du moyen âge pour les beaux manuscrits ne suffira à expliquer la renaissance du droit romain et son influence si caractéristique.

Aussi la critique moderne a-t-elle bien rabattu des anciennes idées sur ce point. Que pendant les siècles d'anarchie qui pesèrent sur l'Occident l'étude du droit ait pâli, cela est certain; mais il est certain aussi qu'elle n'est jamais morte. En Italie, elle continua toujours à Ravenne; en France, Hincmar et le prêtre Benoît se servent des lois romaines, et partout le droit canon leur fait de perpétuels emprunts. Dira-t-on qu'il ne s'agissait alors que des textes transmis par les abrégés barbares, du Code Théodosien ou de l'*Epitome* de Julien? Mais le livre de Pierre de Valence

(*Petri exceptiones*) serait là pour protester, car il indique expressément les Institutes, le Digeste, le Code et les Novelles ; et alors même qu'on se refuserait à le placer dans la seconde moitié du onzième siècle, toujours est-il que le *Décret* d'Yves de Chartres, ainsi que la *Pannormie*, qui en est l'abrégé, atteste une profonde connaissance des compilations justiniennes. Or Yves de Chartres mourut en 1115.

Nous possédons de plus la date réelle de la naissance de l'Université de Bologne. Elle trouva son origine dans les obscurs essais d'un certain Pepo, qui, au rapport d'Odofredus, tenta de lire le droit, et qui était échevin en 1075. Ce fut seulement, il est vrai, Irnerius qui lui fit prendre un éclat tel qu'elle ne date guère que de son professorat. Mais Irnerius mourut en 1155 ; il avait nécessairement fondé l'école à une époque bien antérieure, puisque dès 1118 on perd toute trace de son enseignement. Il avait donc des Pandectes à sa disposition. C'était la *Littera bononiensis*, dont est sortie la Vulgate, et que l'on connaissait par conséquent avant la Lettre pisane. Si celle-ci avait été découverte la première, il est plus que probable que jamais le Digeste n'aurait été divisé en vieux, nouveau et infortiat.

Il n'y a donc rien qui subsiste dans ce vieux roman si longtemps répandu, et la plus simple considération philosophique suffit pour faire apercevoir la vérité. Le premier besoin des peuples, c'est d'assurer leur existence; le second, c'est, leur existence une fois assurée, d'en régler les conditions. Le premier crée la constitution politique; le second est bientôt suivi de l'avénement du droit civil. Or, au douzième siècle, la France, comme tout l'Occident, en était précisément là. Pendant longtemps en butte à tous les troubles qui causèrent et qui suivirent la dissolution de l'empire de Charlemagne, envahie et déchirée de tous les côtés, elle s'était réfugiée autour des châteaux et avait pensé à la vie avant de penser au droit. Mais, une fois que la féodalité, état transitoire, mais état organisé, eut mis pour quelque temps le pays à l'abri des menaces du dehors et des bouleversements du dedans, une fois que l'on ne craignit plus à chaque instant pour sa maison ou sa personne, le droit si longtemps dédaigné commença à faire sentir partout son indispensable nécessité. On voulut avoir des lois. Où les prendre? Ce n'était certes pas dans les coutumes, à peine formées encore, multiples, non constatées et sans grands principes capables de servir d'assiette à un droit quelconque. Le droit romain, au contraire, était resté dans l'esprit des peuples comme le monument le plus parfait de la sagesse humaine. Aussi tout l'effort se tourna-t-il de ce côté. On médita plus profondément sur les sources anciennement connues, on chercha à connaître celles que l'on avait jusqu'alors ignorées ou négligées, et Yves de Chartres étudia le Digeste, le savant Lanfranc se fit en France le divulgateur de ce livre jusqu'alors trop inexploré, les riches villes lombardes virent s'élever dans leur sein la plus belle des universités de lois, et l'élan devint si puissant, qu'en 1131 le concile de Reims interdit aux moines l'étude du droit, qui menaçait de vider les monastères !

Sur ces entrefaites et au milieu de cette tendance enthousiaste, un précieux manuscrit des Pandectes est découvert à Pise ou conquis sur Amalfi. On comprend quelle recrudescence d'énergie un pareil événement dut donner aux études juridiques. La découverte de cet exemplaire, qui, deux cents ans auparavant, eût passé inaperçue, causa sinon une révolution, au moins un violent mouvement dans les esprits, parce qu'elle arriva à un moment admirablement choisi, et avec cet à-propos qui, selon l'expression d'un ancien, fait le mérite de toutes choses[1]. Mais l'histoire des Florentines n'est cependant qu'un épisode dans la renaissance du droit; l'impulsion tenait à des causes plus anciennes et plus élevées, et le manuscrit d'Amalfi n'aurait jamais existé, que nous n'aurions probablement à signaler ni une lacune de plus ni un résultat de moins.

[1] Sophocle. *Œdipe roi :* Πάντα γὰρ καιρῷ καλά.

II

Voilà donc, messieurs, le droit romain rétabli. Mais ce n'est pas en lui-même que nous devons l'étudier, c'est bien plutôt dans les hommes qui le servirent et qui s'en servirent. Après l'instrument il faut connaître ceux qui l'employèrent; il faut voir comment se forma cette redoutable milice, théoricienne au douzième siècle, praticienne au treizième; et pour cela nous devons, messieurs, dans l'histoire comme dans la vie, avant d'arriver aux tribunaux, passer un peu par les écoles.

L'enseignement était alors concentré dans les universités. Leur petit nombre, la spontanéité de leur formation primitive, la voie presque unique que les leçons orales ouvraient alors à qui voulait s'instruire, la réputation des professeurs et l'enthousiasme des élèves, leur avaient imprimé un caractère de grandeur et de force qui mêle, chez qui les étudie aujourd'hui, la stupeur à l'admiration. C'étaient, à cette époque si favorable aux communautés et aux corporations, de véritables puissances, de petits États dans l'État. Le nombre seul des étudiants suffit pour en faire juger. A Bologne, où l'on ne professait que le droit, on en comptait, au douzième siècle, jusqu'à dix mille. Pour citer un autre fait, la classe où professait Albert le Grand, le propagateur du Stagirite, le maître de saint Thomas d'Aquin, ne suffisant plus au nombre de ses auditeurs, il se trouva obligé de professer en plein air, sur la place qui porta depuis le nom de maître Albert. Et l'Université de Paris tenait, par son caractère à la fois politique, littéraire, philosophique et religieux, à tant de choses, à tant d'ordres et à tant de personnes, qu'on la vit proposer d'envoyer à une cérémonie vingt-cinq mille écoliers pour en augmenter la pompe, et que, dans les processions solennelles qui avaient lieu lors des inaugurations rectorales, il arriva quelquefois que la tête du cortége entràt déjà dans la basilique de Saint-Denis, alors que le recteur était encore à Paris, à son point de départ, dans l'église des Mathurins.

Ce serait, messieurs, une curieuse étude que d'examiner en elles-mêmes ces vieilles universités, de voir quels furent les détails et les singularités de leur organisation, de reconnaître leurs dignités, leurs grades, leurs moyens d'enseigner, leurs mœurs, leurs caractères et leurs prérogatives. Nous aimerions aussi à constater la protection universelle qui s'attachait alors à ces institutions savantes, et nous serions heureux de pouvoir retrouver, au moins dans les illusions de nos souvenirs, cette bienveillance que la jeunesse studieuse ne rencontre pas à un si haut degré dans nos réalités contemporaines.

Mais de pareilles recherches nous entraîneraient trop loin, et notre tâche doit se borner à esquisser en quelques traits la figure des différentes écoles.

Nous connaissons déjà l'origine de celle de Bologne. Après Irnerius, que la reconnaissance de ses contemporains surnomma *la lumière du droit*, la voie par lui ouverte fut admirablement suivie par les quatre docteurs, Bulgare, surnommé *Os aureum;* Martin, Jacob et Ugo, auxquels succéda bientôt la puissante personnalité d'Accurse. Les professeurs avaient, en vertu d'un fait qu'une bulle de 1292 sanctionna comme droit, la faculté d'enseigner en tous lieux, et leur mission fut, selon l'heureuse expression d'un historien, un véritable apostolat juridique. L'école de Bologne, en s'élevant, avait fait disparaître l'ancienne université de Ravenne; mais pour une qui tomba il en surgit une foule : Vicence, Verceil, Padoue, Pise, Rome, Naples, Pérouse, eurent leurs écoles, quelques-unes éphémères, la plupart brillantes, et dans le même temps Vacarius, Petrus de Valence[1], l'auteur inconnu de la *Collectio Cæsaraugustana*, portèrent en Angleterre, dans le Dauphiné et dans l'Espagne, les résultats de l'enseignement des Glossateurs.

La France aussi avait reçu sa large part de l'impulsion; le droit romain avait de bonne heure pé-

[1] En admettant qu'il ne soit pas antérieur à Yves de Chartres.

nétré dans l'université de Paris, et elle fût sans doute devenue la digne rivale de l'Italie et la principale pépinière de nos jurisconsultes, si une décrétale n'y avait tari tout d'un coup et d'autorité la source des études de droit civil. Mais ceci nécessite quelques explications sur l'esprit dont était animée l'Église par rapport au droit.

Dans les premiers temps du moyen âge, le clergé avait eu pour les lois romaines une prédilection toute particulière, et les avantages que ses membres trouvaient à vivre sous leur empire l'avaient porté tout naturellement à les préconiser. Et puis le droit canon tout entier était une inspiration du droit romain, et en nécessitait, par conséquent, la connaissance. Mais, au douzième siècle, il se fit tout à coup une réaction dans les idées, et cette étude, naguère si favorisée, ne parut plus convenir aux ecclésiastiques. L'activité intellectuelle avait reçu un double cours. La théologie d'un côté, le droit de l'autre, furent étudiés avec une égale passion, avec une égale jalousie, et l'on regarda les progrès de chacune des deux sciences comme des conquêtes sur sa rivale [1]. Le clergé nécessairement se tourna du côté de la théologie.

Aussi les autorités ecclésiastiques cherchèrent-elles de ce moment à entraver le courant qui entraî-

[1] Voyez Savigny, *Hist. du Droit romain*, ch. XXI, § 156.

nait vers le droit civil, non-seulement les laïques, mais encore tous les clercs désireux d'une sérieuse instruction. Nous avons vu dès 1131 le concile de Reims interdire aux moines de l'étudier ; la prohibition fut renouvelée en 1139 par le second concile de Latran, en 1163 par le concile de Tours, et en 1180 par une bulle du pape Alexandre III. Enfin, la plus fameuse de ces mesures, la décrétale *Super specula*, rendue en 1220 par Honorius III, appliqua ces défenses à tous les ecclésiastiques, — ordonna de multiplier les chaires de théologie, — et, ce qui nous touche plus directement, défendit d'enseigner le droit romain à Paris et dans son voisinage. Ce ne fut pas tout. En 1254, Innocent IV, plus radical que ses prédécesseurs, étendit la prohibition au reste de la France, à l'Angleterre, à l'Espagne, parce que dans ces pays, disait-il, les laïques ne se servaient pas du droit des empereurs, et que les ecclésiastiques n'en avaient pas besoin.

Cette fois, bien entendu, on n'obéit nulle part. En effet, si les motifs donnés par le Saint-Père étaient, à la rigueur, suffisants comme prétextes, il faut bien avouer que, comme raisons, ils ne valaient pas mieux l'un que l'autre. C'était précisément le moment où le droit romain commençait à entrer dans la pratique générale des tribunaux séculiers, sans quoi le Saint-Siége ne s'en fût pas si fort ému, et, quant aux ecclésiastiques, ils en sentaient si bien

2

la nécessité, qu'à Paris même, où la décrétale *Super specula* fut toujours rigoureusement observée, des bacheliers continuèrent à faire des cours préparatoires de droit civil, et que l'on exigeait trois ans de plus de la part des canonistes qui ne l'avaient pas étudié. L'Église pouvait bien combattre les tendances et les progrès des civilistes, mais elle subissait malgré elle l'ascendant de leurs doctrines. Au douzième siècle, saint Bernard reconnaît, en s'en plaignant, que le palais des papes retentit plus des lois de Justinien que de celles du Seigneur, et saint Thomas d'Aquin, dans son *Traité du gouvernement des princes*, expose en deux chapitres « comment les Romains ont mérité la seigneurie pour les très-saintes lois qu'ils nous ont transmises, » et « comment la seigneurie a été donnée de Dieu aux Romains à cause de leur amour du bien dans l'ordre civil. »

Mais revenons, messieurs, à la décrétale d'Honorius. Fut-elle applicable aux seuls ecclésiastiques ou bien aussi aux laïques ? Rentrait-elle ou non dans le pouvoir des papes? Fut-elle seulement déterminée par la crainte des progrès du droit romain, ou faut-il y faire entrer pour quelque chose les intrigues jalouses des Bolonais effrayés (opinion assez probable, quoique notre savant Pasquier, dans la rudesse de son vieux langage, l'ait qualifiée de *vraye asnerie*)? Le pape aurait-il encore, comme le veut Bulœus, redouté les désordres qu'aurait pu amener le caractère particulièrement turbulent des étudiants en droit? Ce sont là, messieurs, de graves questions que nous ne pouvons qu'indiquer. Faisons seulement deux remarques qui valent des commentaires : c'est d'abord, quant à la légitimité de l'acte, qu'il fut approuvé, en 1312, par le roi de France ; c'est ensuite que, si le droit romain ne fut pas étudié à Paris, le pape n'y gagna rien. Les villes des provinces, en effet, rendirent bientôt la décrétale illusoire, et l'université d'Orléans, si remarquable par son caractère pratique ; celle de Montpellier, où le fameux Placentin inaugura le droit civil, alors que la médecine y florissait déjà ; enfin, celle de Toulouse, la terre classique de la domination des idées romaines, fournirent bientôt aux tribunaux, aux offices publics et aux rois un tel nombre de juristes, que l'on ne voit pas ce que l'université de Paris aurait pu y ajouter.

III

Sans doute c'était surtout le droit privé que l'on enseignait du haut de la chaire, et il peut sembler étonnant que ces légistes, chez qui devait se développer si fort l'instinct politique, se soient formés à une pareille école. Mais le droit privé n'était pas aussi nettement séparé du droit public au moyen âge que de nos jours ; ce sera même par des principes de droit privé que nous verrons les plus grands changements politiques s'accomplir, et ce sera peut-être aussi pour cela qu'ils réussiront, parce que l'on distinguera moins aisément leur introduction et leur portée. C'était l'époque encore où les royaumes étaient régis par les mêmes règles que les plus petits fonds de terre, où un mariage démembrait ou décuplait un État, où la procédure se faisait de peuple à peuple comme d'homme à homme. Au treizième siècle, un jugement par défaut enlevait la Normandie au roi d'Angleterre ; au quatorzième, un huissier à verge était chargé d'appréhender au corps le vainqueur de Poitiers ; et, quand il s'agit d'exclure les femmes de la successibilité au trône et d'éviter par là le règne d'un étranger, ce fut un texte de droit privé, la loi salique, qu'exhumèrent les légistes pour y réussir.

Nous pouvons donc dire que le droit romain, sorti de l'enseignement et par cela seul qu'il tombait aux mains des praticiens, avait une double mission à accomplir : l'une patente, dans l'ordre privé ; l'autre occulte, dans l'ordre public. C'était, d'un côté, la refonte de la législation ; de l'autre, la réorganisation de l'État.

IV

En pénétrant dans la sphère de l'application pratique, le droit romain trouva un élément rival avec lequel il dut nécessairement se combiner, et qui, suivant les lieux, le domina ou fut dominé par lui. Il faudrait, messieurs, des volumes et des années d'étude pour rechercher cette influence réciproque du droit romain et du droit coutumier, dont l'antagonisme scinda, quant aux lois et à la jurisprudence, la France en deux grandes régions. Il est vrai que l'opposition, malgré son incontestable gravité, était moins tranchée au fond que dans les apparences. Même dans les pays de droit écrit, les lois romaines ne pouvaient s'appliquer complétement. Le temps, en modifiant les mœurs, avait faussé une foule de points de contact; la coutume devait donc intervenir pour mettre la règle d'accord avec les faits, et ce n'était, d'ailleurs, qu'à raison de coutume que le droit romain tout entier était reçu dans le Midi. Mais ce n'était pas là qu'était l'avenir de la législation française. Il fallait à la France un droit national, et le Nord seul pouvait le lui donner. Les coutumes y dominaient et y restèrent toujours la base des institutions juridiques. Mais les légistes eurent cette admirable mission de leur donner, en les pénétrant de l'esprit romain, les principes fondamentaux qui leur manquaient, de coordonner et de féconder par la doctrine leurs décisions incohérentes, et d'en faire un ensemble à la fois savant dans sa contexture, puisqu'il empruntait aux Romains leurs idées organiques et leur admirable méthode, et sûr dans son application, puisqu'il était né des faits. C'est au treizième siècle que commence ce travail, dont les livres de Pothier ont été le couronnement, et auquel nous devons nos lois modernes.

Donc, appliqué à une société pour laquelle il n'avait pas été écrit, le droit romain ne devait plus être une fin, mais un moyen ; il devait améliorer la législation et non la constituer. Mais cette manière de voir, la seule vraie au fond, et à laquelle on finit par revenir, n'était pas celle du moyen âge. Les légistes avaient voué à leur droit trop de respect pour le ravaler au rang d'un simple auxiliaire; ils le lisaient avec la préoccupation de leurs mœurs et de leur temps; ils y cherchaient une autorité de textes et non pas seulement de raison, et ils ne manquaient pas de l'appliquer en lui-même toutes les fois que cela était possible, fallût-il pour y arriver forcer les termes et les traduire parfois assez singulièrement, ce qui se faisait, au reste, de la meilleure foi du monde. Aussi son influence fut-elle énorme. Il suffit, pour l'apprécier, de considérer notre ancien droit criminel. C'est en voyant l'état grossier où resta notre législation quand elle n'eut pas d'emprunts à faire aux Romains, que l'on comprend la valeur qu'eurent ces emprunts là où ils furent possibles.

V

L'introduction du droit romain dans la pratique eut pour premier résultat de causer une révolution dans les juridictions d'alors.

On sait comment elles étaient organisées. Le droit de juger tenait à la terre; c'était un attribut de tout héritage noble, qu'il fût fief ou franc-alleu. L'assise, convoquée seulement dans des occasions solennelles, se composait du seigneur et d'un certain nombre de ses vassaux. L'association féodale, en établissant le principe du jugement par les pairs, avait complétement réalisé cette belle institution que la Révolution de 89 a restaurée : nous voulons dire le jury. En principe du moins, la justice était, comme droit et comme devoir, mise au niveau des armes. Le vassal devait service à son seigneur, *in curte et in campo*, et le seigneur lui devait jugement en sa cour aussi bien que protection à la guerre. C'était même une des conditions de l'hommage féodal. En 1220, Thibaut, comte de Champagne, jure au roi de le servir bien et fidèlement comme son seigneur lige, *tant qu'il lui fera droit en sa cour par ceux qui le peuvent et le doivent juger*. Si le seigneur manquait à son devoir, il y avait défaute de droit, déni de justice, et la défaute entraînait la délation du fief au seigneur supérieur, le suzerain.

Le seigneur ne pouvait pas juger seul. Son droit se bornait à convoquer et à présider la cour, à recueillir les avis, à prononcer la sentence et à la faire exécuter. Il appelait à lui plusieurs assesseurs, possesseurs de fiefs. Il fallait au moins deux pairs pour valider la décision, et, si son fief ne lui en fournissait pas un nombre suffisant, il avait la singulière faculté d'en emprunter aux fiefs voisins.

Cette possibilité offerte aux justiciers d'appeler qui ils voulaient à leur cour, et de se faire eux-mêmes représenter par qui bon leur semblait, leur paraissait un avantage, et, en réalité, tourna à leur ruine.

A mesure que les lumières du droit se répandaient, et avec elles les subtilités de forme et de fond que les légistes ne manquaient jamais une occasion d'introduire, il devenait de jour en jour plus difficile aux barons féodaux de satisfaire aux devoirs de cour; d'abord parce que les procès étaient beaucoup plus fréquents et plus longs, et qu'il ne leur convenait pas de passer leur temps en jugeries; ensuite, parce que, les involutions de procédure et les raisons de décider devenant de plus en plus savantes, ils se sentaient insuffisants, et éprouvaient ce dégoût qu'amène toujours l'incapacité. Tant que le duel avait tranché toutes les contestations, ils avaient admirablement su juger quels étaient les meilleurs coups d'épée; mais, quand il fallut peser des arguments et discuter des textes, ils n'y entendirent plus rien. Aussi prirent-ils l'habitude de confier la tenue de leurs assises à des lieutenants qu'ils appelèrent baillis, sénéchaux, vicomtes ou prévôts. C'étaient à l'origine des gentilshommes plus versés que les autres dans les lois; mais au bout de quelque temps, et quand toute la noblesse fut dégoûtée de l'étude, ils se firent eux-mêmes remplacer par des vilains meilleurs jurisconsultes. Puis ceux des nobles qui siégeaient faisaient asseoir à leurs pieds, pour s'éclairer par leurs avis, des légistes, à l'origine obscurs conseillers, mais qui, à mesure que leur ministère devenait plus nécessaire, acquirent plus d'importance, et finirent même par remplacer complétement, dans certaines assises, leurs dédaigneux supérieurs.

Ces conseillers, d'abord clercs, puis laïques, lorsque leur propre condition leur donna un poids suffisant, et qu'ils n'eurent plus besoin des priviléges de la clergie, ces conseillers, disons-nous, devinrent bientôt puissants par le nombre et par le talent. C'était toute une population qui grandissait et autour de laquelle se groupaient les fonctions auxiliaires qui sont de tout temps indispensables à l'administration de la justice. En même temps que les magistrats naissaient, on vit croître les avocats, inutiles quand tout se décidait par des moyens grossiers, nécessaires à mesure que les preuves se perfectionnaient.

Leur ministère, si longtemps oublié, prend tout d'un coup une importance extrême. En 1254, le pape se plaint de leur faste. En 1274, un concile veut limiter leurs honoraires. De ce moment, ils deviennent l'objet de nombreuses dispositions législatives et jurisprudentielles[1]; de cette époque aussi, le barreau revêt le caractère de noble indépendance qui lui resta toujours. Comprenant que la parole ne peut avoir d'autorité qu'autant qu'elle est convaincue, il fait inscrire en tête de ses règlements la liberté de son ministère, et, contrairement aux usages de la jurisprudence anglaise, qui veut que l'avocat ne puisse refuser son aide à qui l'invoque, le barreau français prête tous les ans le serment de n'accepter que des causes justes et loyales.

[1] Nous ne pouvons entrer ici dans le détail de ces textes : il nous suffira de renvoyer aux pages si pleines de savantes recherches et de patiente érudition que M. le bâtonnier Liouville a, dans son discours du 16 août 1858, consacrées à l'histoire de l'Ordre.

VI

Mais, il faut bien le dire, quand la féodalité remplaçait par des légistes réformateurs les anciens juges chevaliers, c'était autant d'ennemis qu'elle attirait dans son sein, car tous ces hommes, nés du droit romain, imbus de ses idées, vénérant ses préceptes à l'égal d'un culte, ne cherchaient que des occasions de faire prévaloir en tout point ses maximes, et ne se gênaient pas pour qualifier de *haineux* ce droit féodal qu'ils étaient chargés d'appliquer.

Or ce qu'ils avaient surtout retiré de leurs études, c'était une admiration sans bornes pour l'organisation et les principes politiques de l'empire romain ; et l'on doit avouer que, pour qui se faisait de cette organisation un type idéal, et comparait à cet idéal les réalités d'alors, la différence était grande et la comparaison douloureuse. Habitués à voir dans les empereurs romains des souverains omnipotents, source de toute autorité, de toute justice et de toute loi, chefs uniques d'un État unique, incontestés dans leur pouvoir, sans autre frein que leur volonté et sans contrôle que leur conscience, grandis au-dessus de l'humanité de toute la hauteur de leur prochaine apothéose, placés sur le trône comme au premier degré de la divinité; et puis, sous ce chef géant, un peuple immense, sans prérogatives nobiliaires et sans distinctions hiérarchiques, corps compacte et solide autant que la tête était brillante et respectée; — lorsqu'ils détournaient leurs regards de ce magnifique spectacle, et qu'ils jetaient les yeux sur la France, qu'y trouvaient-ils? Un pays où le roi n'avait guère d'autorité que le nom, où la souveraineté n'était plus comprise que par les souvenirs de Charlemagne, souvenirs dangereux pour qui n'en descendait pas; partout le sol embarrassé dans les réseaux d'un système qui morcelait à chaque ruisseau et à chaque haie l'autorité et la juridiction; des hauts barons plus puissants que le roi, des petits seigneurs plus pillards encore que nobles, et pas moins arrogants; en bas, pas de peuple, car la noblesse était plutôt gouvernante que gouvernée, et le reste ne comptait pas; en haut, une dynastie sans commencement éclatant, dont le chef n'avait pas osé porter la couronne, en faveur de qui l'hérédité n'avait été acquise que par des associations de fils à père dans le gouvernement, dont la tolérance des grands et la protection de l'Église faisaient toute la force, et qui, à cette époque où la mémoire des Carlovingiens vivait encore, ne pouvait pas même prétendre au droit divin.

Nous sommes, du reste, arrivés, messieurs, au moment où cet état de choses va changer. Le douzième siècle est employé par les rois à refaire, si l'on peut ainsi parler, la carte de la France. Louis le Gros affranchit ses domaines; Philippe-Auguste, en créant un territoire, donne une base à la future nationalité française. Mais ce territoire manquait de soumission directe au roi, et par conséquent d'unité. Ce fut la tâche du treizième siècle que d'essayer à la lui donner, et ce fut la gloire des légistes que d'y réussir.

Des légistes, disons-nous; car ce fut par les moyens et par les hommes du droit que cette grande œuvre fut accomplie; ce n'était, du reste, que par eux qu'elle pouvait l'être. L'épée a ses succès, mais elle a ses revers, et une bataille perdue ou gagnée n'a jamais été un durable argument. Comme le disait dans cette même enceinte, il y a quelques semaines à peine, une parole éloquente et vénérée : « Le droit seul est maître légitime du monde, la force et la ruse n'en sont que les usurpatrices. » Les rois de France eurent le mérite de le comprendre. Ils appelèrent à eux les légistes, et ceux-ci, tout disposés par leurs tendances à s'unir à la cause royale, se rangèrent avec empressement autour du trône.

Leur influence fut double. « On dirait, écrit M. Augustin Thierry, qu'ils eussent rapporté de leurs études juridiques cette conviction, que, dans la société d'alors, rien n'était légitime hors de deux choses : la royauté et l'état de bourgeoisie. Poussés par l'instinct de leur profession, par cet esprit de logique intrépide qui poursuit de conséquence en conséquence l'application d'un principe, ils commencèrent, sans la mesurer, l'immense tâche où, après eux, s'appliqua le travail des siècles : réunir dans une seule main la souveraineté morcelée, abaisser vers les classes bourgeoises ce qui était au-dessus, et élever jusqu'à elles ce qui était au-dessous [1]. »

Ce que nous avons à dire, messieurs, ne sera que le développement de ces lignes éloquentes.

VII

Le récit de la transformation de la royauté française au treizième siècle se résume en deux règnes, dont la juxtaposition forme dans l'histoire le plus singulier contraste, mais aussi le plus utile enseignement, qui nous montrent deux rois, l'un vertueux et l'autre habile, dont le premier fait plus, sans s'en douter, avec ses idées d'équité, que le second avec tous les raffinements de sa politique.

Saint Louis, a dit Chateaubriand [2], fut à la fois un législateur, un héros et un saint. Nous ajouterons que sa sainteté imprima son caractère à sa législation

[1] *Histoire du tiers état*, p. 26 et suiv.
[2] *Études historiques.*

comme à ses exploits, et que ce même homme, qui ne comprenait pas la guerre si elle ne servait la cause du Seigneur, ne comprenait les réformes qu'autant qu'elles étaient dictées par l'équité, par l'amour du bon ordre et par la considération du bon droit. Il ne lui venait pas à l'idée d'agrandir la royauté aux dépens du baronnage; le baronnage, en somme, avait le droit pour lui, et, l'association féodale une fois acceptée, ce ne pouvait être que par des usurpations que la royauté en aurait changé les bases à son profit, usurpations heureuses peut-être quant à leur fin, mais illégales cependant dans leur principe.

Saint Louis le savait, et ce fut avant tout un roi féodal. Mais ce serait cependant une étrange erreur que de le prendre pour un prince sans énergie et sans intelligence des prérogatives du trône. Il respectait la hiérarchie des feudataires, mais il savait que la royauté en devait occuper la tête. Il n'aurait jamais, il est vrai, empiété sur le droit de la noblesse, mais jamais non plus il n'aurait laissé aux mains de la noblesse le fruit de ses usurpations sur la couronne. Le souvenir des troubles de sa minorité lui inspirait une fermeté égale à sa justice. Aussi jamais prince ne revendiqua-t-il plus haut ses droits. Prêt à tout abandonner quand il croyait avoir tort, il ne cédait jamais quand il savait avoir raison. Il rendait au roi d'Angleterre des provinces entières sans qu'on les lui demandât, parce qu'il les jugeait mal acquises; mais, un jour que le puissant sire de Coucy avait fait pendre des écoliers flamands pour délit de chasse, il fallut toutes les supplications des hauts seigneurs pour l'empêcher de le condamner lui-même à mort, et un mécontent s'étant écrié à cette occasion : « Si j'étais le roi, je ferais pendre tous mes barons, car, le premier pas fait, le second ne coûte guère ; » il lui répondit ces paroles demeurées fameuses : « Certainement, je ne ferai pas pendre mes barons, mais je les châtierai, s'ils méfont ! »

Nous n'aurions pas, messieurs, tracé aussi au long le portrait de saint Louis, si ce portrait ne nous montrait le caractère qu'il voulait imprimer à ses officiers et à ses jurisconsultes, et si la ferme simplicité du bon roi n'avait rejailli sur toute son administration. Réprouvant comme chef d'État et déplorant comme chrétien les abus sous lesquels gémissait la société de son temps, il chercha à les conjurer par la diffusion des lumières, et eut la gloire de comprendre combien importe, au point de vue moral aussi bien qu'au point de vue politique, la connaissance de la philosophie élevée que renferment les vrais principes du droit. Il voulut répandre les lois romaines, et favorisa par suite les jurisconsultes presque autant que les ecclésiastiques, ce qui, pour un roi deux fois croisé et qui voulait se faire moine, est assurément beaucoup dire.

C'est l'époque des premiers livres de jurisprudence

coutumière, des savants consciencieux et simples, des réformes réorganisatrices, des mesures doctement combinées, des ordonnances d'intérêt général et réglementaire. On a douté que le fameux livre des *Établissements* ait appartenu réellement à saint Louis; mais une pareille œuvre nous paraît si bien dans le caractère de ses actes et complète si parfaitement ses travaux, que nous ne renoncerions qu'avec peine à en croire la vieille tradition qui les lui attribue[1].

Or un fait important à remarquer, c'est que le mouvement par nous signalé dans les assises des seigneurs se produisait également dans les juridictions royales. Si pour les barons ç'avait été une commodité que de déléguer la justice, pour les rois c'était une nécessité.

Dès avant 1190, Philippe-Auguste avait créé de grands baillis, dont le nombre d'abord restreint augmenta à mesure que le territoire s'agrandit, qui représentaient le roi dans ses domaines, et étaient à la fois, dans leurs circonscriptions, chefs militaires et chefs justiciers. Ces baillis s'habituèrent à convoquer aux assises, à la place des chevaliers qui ne venaient pas plus là qu'ailleurs, des légistes par eux

[1] Chopin, Charondas, Montesquieu (*Esprit des Lois*, l. XXVIII, c. XXXVII, XXXVIII), Klimrath (t. II, p. 42), ne voient dans les *Établissements* qu'un coutumier anonyme. *V.* dans l'*Essai* de M. Beugnot *sur les Institutions de saint Louis*, l'examen des arguments dans les deux sens. M. H. Martin (*Hist. de France*, t. IV, p. 306) considère les *Établissements* comme un recueil fait, après la mort de saint Louis, d'actes réellement émanés de lui.

désignés [1]. Le principe du jugement par les pairs s'effaçait de jour en jour; le bailli pouvait même, en statuant comme en matière d'urgence, connaître personnellement et en dehors du tribunal; ce fut là du moins ce qu'introduisirent les jurisconsultes. Les choses en vinrent à ce point que, en 1261, le bailli et les bourgeois de Bourges refusaient au comte de Sancerre une assise de chevaliers, parce que, disaient-ils, il n'aurait alors été jugé que par ses parents, ses alliés ou ses hommes. C'était excellent en soi, mais c'était l'oubli de tous les principes féodaux.

Le même résultat qui se produisait en bas sur tous les points du territoire se manifestait également dans la Cour des pairs. Les grands feudataires négligent de s'y rendre, y sont balancés, puis dominés par les conseillers clercs ou jurisconsultes des rois. La Cour se confond bientôt avec les grandes assises du domaine royal, et c'est de cette confusion que sort cette illustre compagnie qui prit dès lors par excellence le nom de Parlement et que le recueil des *Olim* nous montre fonctionnant dès 1254 avec une imposante régularité. Le Parlement fut dès lors le centre commun où vinrent aboutir les ressorts de toutes les juridictions

[1] Les juridictions où les choses se passèrent ainsi s'appelèrent *Assises des baillis*. Dans certains pays, où les *Assises de chevaliers* se maintinrent, le bailli ne faisait que représenter le souverain, forçait les pairs à se réunir et à juger, mais ne jugeait pas lui-même, à moins d'être leur pair. Les Assises de chevaliers étaient bien plus imbues de l'esprit féodal.

exercées ou revendiquées au nom du roi ; ce fut aussi l'intelligence régulatrice qui donna à la masse des juristes l'inspiration, et, si l'on nous permet l'expression, le mot d'ordre.

Nous n'essayerons pas, messieurs, de vous nommer tous ces légistes. La tâche serait interminable, car leur foule était déjà énorme, bien qu'elle dût encore s'accroître. D'ailleurs, ils importent moins par telle ou telle personnalité que par l'unité de leurs vues et l'ensemble de leur action, et leur véritable nom serait Légion.

Nous pouvons cependant signaler quelques sommités qui se détachent de la masse : messire Robert le Normand, auteur présumé du *Coutumier de Normandie ;* Joinville, le naïf et fidèle historien, sénéchal de Champagne ; ensuite Guy Foucault, plus tard pape sous le nom de Clément IV. A côté d'un pontife, citons un saint : Yves Hélori, le patron de notre Ordre. Puis vient l'auteur du *Conseil à son ami*, ce premier ouvrage de pratique coutumière connu, et qui ne formait que l'une des quatre parties du *Livre la Royne Blanche :* nous voulons nommer Pierre de Fontaines, savant consciencieux, à qui l'on aurait moins reproché ses traductions romaines, si l'on avait réfléchi que le désir de l'époque était de faire passer, presque à l'insu des populations, le droit romain dans la pratique ; savant modeste en même temps, et qui, bien différent de ces législateurs orgueilleux[1] dont le plus petit commentaire cause l'effroi, prie ceux qui lui succéderont de corriger les défauts de son œuvre ; car « tot avoir en mémoire, dit-il, et en nule rien péchier, appartient plus à Dieu que à home mortel, et molt me plet que il y mette lor amendement, s'il veoient que mestiers en soient ; et sachent-il bien que là où il amenderont, ils en seront plus à loer que je. »

C'est à la même école que se forme Beaumanoir, bailli de Clermont en 1283, et qui écrivit, vers la même époque, le fameux livre des *Coutumes de Beauvoisis*, dont Montesquieu a dit[2] qu'il était la lumière du treizième siècle, et une très-grande lumière. Son caractère est tout différent de celui de de Fontaines. Le droit romain a, de son temps, assez pénétré dans les mœurs ; on n'a plus besoin d'en traduire les textes; il évite donc de les citer, il lui suffit d'en prendre l'esprit. C'est un jurisconsulte et à la fois un chevalier ; et, tandis que son admirable adresse de légiste mine sourdement la société guerrière dont il est sorti, le vieil instinct du noble homme accompagne parfois de ses regrets les anciens usages qui s'en vont[3].

Certes, messieurs, ce n'était pas un corps indigne de respect que celui qui comptait de tels chefs, et

[1] Justinien et Napoléon.

[2] *Esprit des Lois*, l. XXVIII, c. XXXVIII et XLV.

[3] A ces travaux il faut ajouter le *Livre de Justice et de Plet*, coutumier de la même époque.

c'est merveille de voir tous ces hommes travailler de tous côtés, incessamment, sans se détourner, sans s'effrayer. Ils ne portent pas de coups directs : la féodalité est encore trop forte ; le roi, d'ailleurs, ne le permettrait pas, et les *missi dominici* restaurés réprimeraient bien vite un zèle trop audacieux. Mais, si leurs armes ne donnent pas la blessure tranchante de la hache, elles ont les coups sans cesse répétés de la lime, dont aucun ne laisse de trace sensible, mais dont l'ensemble rompt le plus dur acier. Toujours à la piste d'une occasion nouvelle, ne négligeant rien, altiers quand ils le peuvent, dissimulés quand il le faut, ne connaissant pas de si petit détail qu'ils ne puissent l'employer, veillant si exactement que rien ne leur échappe, ils enveloppent la féodalité dans un inextricable dédale, la pressent d'un côté quand elle se défend de l'autre, la blessent si bien qu'elle en meurt, mais paraissent tant la respecter qu'elle ne sait à qui s'en prendre. Plus royalistes que le roi, ils entrevoient souvent des causes de succès là où il n'a aperçu que la répression d'un abus, et, comme s'il ne leur suffisait pas de tromper la féodalité pour la combattre, ils sont encore forcés de tromper la royauté pour la servir.

Aussi il faut voir, quand ils peuvent obtenir un texte qui les couvre de son autorité, avec quelle adresse ils savent s'en emparer, à la fois pour l'étendre et pour se protéger. Autour de toute grande mesure on rencontre leur action. Par exemple, saint Louis, pour mettre un frein aux désordres des guerres privées, institue, en 1245, la Quarantaine-le-Roy, dont la première idée, selon Beaumanoir, remontait à Philippe-Auguste; puis, en 1257, il les interdit entièrement dans ses domaines et dans ceux des seigneurs d'Église. Mais en même temps les légistes construisent sur l'édifice renversé un édifice nouveau, préparent le triomphe du droit pacifique et réparateur par la théorie féconde de l'*assurement*[1] et, substituant aux fureurs des vengeances particulières l'action de la souveraineté qui veille incessamment pour tous, ils déposent dans la coutume le principe, encore obscur, mais plus tard éclatant, de la vindicte publique[2].

Un autre abus de même espèce, c'était le duel judiciaire. Il y avait bien d'autres genres de preuves, mais celle-là était, par sa nature et sa simplicité, la plus aimée de toutes. On se battait à tout propos; on se battait avec le bailli, si l'on n'avait pas obéi à sa semonce[3]; on se battait avec son adversaire; s'il y en avait plusieurs, on se battait avec tous; si l'on était vilain et que le défendeur fût noble, on se battait à

[1] *V.* Beaumanoir, c. LX. Voici en quoi consistait l'assurement : celui qui redoutait la guerre remettait le différend à la justice du suzerain, et requérait de l'adversaire promesse qu'il ne lui causerait aucun tort jusqu'à ce que la justice eût statué. L'assurement ne pouvait pas être refusé, et il y avait haute trahison à l'enfreindre.

[2] *V.* Beaumanoir, c. LIX; LX, n° 18; LXI.

[3] Coutume de Bourges, réformée en 1145.

pied, couvert de cuir et d'étoupe, avec un bâton, contre le gentilhomme à cheval et armé de toutes pièces; on se battait avec le témoin que l'on reprochait, avec le juge que l'on récusait, et, si l'on était mécontent de la sentence, on se battait avec tout le tribunal qui l'avait prononcée.

Ce système singulier était cependant enraciné dans les mœurs. Les seigneurs d'Église eux-mêmes le protégeaient souvent, et Beaumanoir, esprit élevé assurément, ne peut cacher sa sympathie pour lui. Aussi quand, en 1260, saint Louis, selon qui c'était une manière de tenter criminellement Dieu, le proscrivit dans ses domaines et le remplaça par ces enquêtes dont les juristes devaient tirer si bon parti, ce fut partout une résistance opiniâtre et une indignation démesurée. La féodalité entière s'émut, et son mécontentement nous est attesté par les plaintes énergiques d'une chanson du temps :

Gent de France, mult estes esbahie!
Je di à tous ceux qui sont nez des fiez :
Si m'aït Dex, franc n'estes vous mes mie;
Mult vous a l'en de franchise esloigniez.
Car vous estes par enqueste jugiez.
Quant deffense ne vos peut faire aïe,
Trop iestes cruelment engingniez
A touz pri.
Douce France n'apiaut l'en plus ensi,
Ançois ait non le païs aus sougiez,
Une terre acuvertie,
Le raigne as desconseilliez,
Qui en maint cas sont forciez.

Mais les légistes avaient derrière eux une ordonnance royale. Aussi furent-ils inébranlables[1].

L'un des plus grands inconvénients du duel judiciaire, ç'avait été de localiser les justices. Le moyen, en effet, d'en appeler de ce qui avait été décidé par le jugement de Dieu ! Aussi sa suppression fut-elle pour les légistes l'occasion de remettre en vigueur ce principe presque oublié, d'après lequel la justice n'appartenait au seigneur qu'à la même condition que le fief, c'est-à-dire à la charge de la supériorité du suzerain sur le vassal ; et, comme le roi était souverain fieffeux, c'était en sa cour que toute affaire devait venir en dernier ressort. « Toute laïe juridiction, dit Beaumanoir, est tenue du roi en fief et arrière-fief[2]. » Ils étendirent le même principe aux alleux, bien qu'en droit strict ils dussent être indépendants ;

[1] L'ordonnance de 1260 ne supprima pas radicalement le duel judiciaire. Dans les domaines des seigneurs, il continua si bien, qu'en 1296 et en 1305 Philippe-le-Bel fut obligé de le défendre, ainsi que les guerres privées et les tournois, mais seulement transitoirement et pendant la guerre. En 1306 il fut rétabli, même dans le domaine royal, pour quatre cas, qui comprenaient à peu près l'ensemble des matières criminelles ; mais il fallait que le fait ne pût être prouvé par témoins. En 1307, il fut déclaré que le duel ne pourrait être ordonné que par le Parlement. Le dernier duel judiciaire que l'on connaisse eut lieu, en 1386, entre deux habitants de Paris, Jacques Legris et Jean de Carouge. En Angleterre, il subsista plus longtemps. M. Henrion de Pansey (*de l'Autorité judiciaire*, Introd., ch. v) en rapporte deux exemples, l'un en 1571, l'autre en 1631. Mais, dans ces deux circonstances, le combat, quoique ordonné, n'eut pas lieu, par suite de l'intervention de la reine Élisabeth dans la première affaire, et de Charles Ier dans la seconde.

[2] C. xi, n° 12.

mais « justice, dirent-ils, n'est jamais allodiale[1]. » Ils pressentirent avec une admirable sagacité l'avenir politique de cette réforme judiciaire, et leur conduite semble n'être que la mise en œuvre de cette maxime de Loyseau[2] : « Ressort de justice est le plus fort lien pour maintenir la souveraineté. » Ils firent même prévaloir le principe que l'on pouvait franchir tous les degrés intermédiaires en s'adressant directement au Parlement. Puis, non contents d'avoir restauré les appels pour faux jugement, ils s'emparèrent, au profit de la couronne, du vieux système féodal des défautes de droit : le plus petit retard dans la convocation des assises seigneuriales devint un déni de justice, et fut un prétexte pour déférer la cause aux tribunaux du roi[3].

Puis ce furent les cas royaux. Leur théorie était vraie en elle-même, car le roi avait le droit, comme chef de l'association féodale, de connaître de ce qui touchait les intérêts généraux de l'association. Mais les légistes firent prendre au principe une extension immense, et d'autant plus redoutable qu'aucune définition légale du mot n'était là pour la restreindre. Aussi, lorsqu'au quatorzième siècle les barons,

[1] *V.* Laferrière, *Hist. du droit français*, t. IV, p. 101.

[2] *Seigneuries*, ch. v, p. 28.

[3] L'appel, contenant félonie, n'était pas reçu contre les décisions des justices royales. Il n'y avait d'autre moyen d'infirmation que la supplication, adressée, selon les cas, aux juges mêmes ou au roi, et d'où sont sortis notre recours en cassation et notre pourvoi en requête civile. (*V.* Henrion de Pansey, *loc. cit.*)

voyant leurs justices dépouillées, sous prétexte de cas royaux, de leurs plus belles attributions, demandèrent qu'on voulût bien leur éclaircir quels cas touchaient la royale Majesté, les légistes, dont ce vague était la force, firent répondre par Louis X : « Que la royale Majesté est entendue ès cas qui de droit ou de ancienne coustume, pûent et doient appartenir à souverain prince, et à nul autre[1]. » Le *Malade imaginaire* n'aurait assurément pas mieux dit.

Mais, si les légistes royaux n'avaient pu voir sans colère l'indépendance des justices seigneuriales, il y avait dans l'intérieur du royaume d'autres justices bien autrement indépendantes, et dont les prérogatives ne leur étaient pas moins pénibles. C'étaient les tribunaux ecclésiastiques, savamment hiérarchisés, et dont le pape occupait le sommet, comme le roi celui des tribunaux laïques. A la faveur des ténèbres du moyen âge, et sous le prétexte du péché qu'ils savaient découvrir dans les causes de toute contestation judiciaire, ils avaient usurpé la connaissance d'une foule de questions de l'ordre temporel. Les clercs étaient d'ailleurs investis d'une quantité de priviléges abusifs, dont les jurisconsultes se firent les destructeurs acharnés.

Nous avons assisté à l'origine de la jalousie des hommes de droit canon contre les hommes de droit civil. Elle ne fit que s'accroître avec le temps. Avec

[1] Lettres du 1er septembre 1315.

leur faiblesse morale, leur malveillance et leurs prétentions augmentaient. En vain les légistes posaient-ils avec une admirable logique le principe de la séparation des pouvoirs[1], en vain s'écriaient-ils avec Beaumanoir : « Bonne coze et profitavle, et selonc Dieu et selonc le siècle, est que cil qui gardent le justice esperituel se mellassent de ce qui appartient à l'esperitualité tant solement, et laissassent exploitier et justicier à la laie justice les cas qui appartiennent à la temporalité[2]. » Ils avaient des antagonistes aussi habiles, aussi rusés, aussi infatigables qu'eux-mêmes, instruits à leur propre école, se servant des mêmes armes, c'est-à-dire du droit[3]; très-puissants, car ils avaient toujours pour dernier mot la menace de l'excommunication, contre laquelle les légistes mêmes n'avaient pas encore la conscience cuirassée; en même temps, très-insinuants, très-bien en cour, et sûrs de trouver, grâce à leurs priviléges et à leurs tribunaux, la protection toujours et souvent l'impunité.

[1] Beaum., c. x; c. XLVI, n° 11.

[2] *Ibid.*, c. x, n° 1.

[3] Le droit canon n'était pas étudié avec moins de zèle et moins d'habileté que le droit civil. Bologne, Padoue, Angers, Paris, étaient pleins de théologiens qui s'exerçaient à faire servir les choses divines au succès des intérêts humains. A la fin du douzième siècle apparaît le fameux décret de Gratien; en 1230, les Décrétales de Grégoire IX; en 1275, le *Speculum juris*, qui fit donner à son auteur, Guillaume Durand, le nom de *Speculator;* en 1299, la Sexte de Boniface VIII; en 1317, les Clémentines, etc. Les textes ne manquaient donc pas à l'ardeur des canonistes. D'ailleurs, ils savaient au besoin y suppléer : on connaît l'histoire des Fausses Décrétales, qui, tout apocryphes qu'elles fussent, n'en étaient que plus chères à la papauté.

Avant 1260, on ne pouvait même pas arrêter sans sacrilége un prêtre en flagrant délit de crime capital! Et, pour avoir droit à ces immunités monstrueuses, il suffisait de s'avouer clerc, et il était à peine nécessaire de porter la tonsure! Un pareil état ne pouvait subsister. Mais le clergé n'était pas disposé à céder aisément. On lui faisait pourtant la part belle : Beaumanoir, à la fin du siècle, lui abandonne encore sans conteste ce qui concerne les accusations de foi, les mariages, les dons et aumônes aux églises, les procès des croisés et des veuves, les propriétés religieuses, les testaments, la garde des lieux saints, la bâtardise, la sorcellerie et les dîmes. C'était énorme, mais cela ne lui suffisait pas. Heureusement pour les légistes et pour la France, les désordres devinrent tellement patents, que saint Louis, malgré sa dévotion, s'en émut, et ce n'est pas une faible humiliation pour l'Église que ce soit le plus saint de nos rois qui l'ait le plus vigoureusement abaissée.

Dès 1246, saint Louis fait soutenir par ses officiers la ligue antisacerdotale des grands vassaux; puis il obtient du Saint-Siége des concessions par lesquelles les priviléges de clergie sont retirés aux prêtres mariés, et à ceux qui exercent des professions industrielles[1]. Enfin la nécessité de désobéir à l'Église surmonte jusqu'aux scrupules religieux du saint roi. Il

[1] V. H. Martin. *Hist. de France*. t. IV. p. 308.

proclame le droit qu'a le pouvoir temporel de reviser, avant de les faire exécuter par le bras séculier, les sentences des ecclésiastiques; décision importante, d'où est sortie cette procédure, fameuse sous le nom d'appel comme d'abus, avec laquelle le Parlement put, suivant l'expression de Pasquier, brider sans scandale la puissance des prélats. Puis, le clergé intérieur ainsi réprimé, il réprima de même les prétentions de la cour de Rome sur la collation des bénéfices, par sa Pragmatique Sanction de 1268, texte sans grande signification apparente et originelle, mais qui, savamment commenté et avidement développé par les légistes, devait donner naissance au gallicanisme!

Vous le voyez, messieurs, au point où nous sommes parvenus, les choses se sont profondément modifiées; et qu'a-t-il fallu aux légistes pour en arriver là? Quelques ordonnances, qui sans eux n'auraient pas été exécutées; quelques vieux moyens auxquels personne ne songeait, et dont ils surent tirer un inappréciable profit. Et cependant, si faibles en apparence qu'aient été les instruments, la royauté a changé de face. De ce moment, le roi peut méconnaître l'origine élective de sa dynastie, et, plus orgueilleux que l'empereur romain, qui n'oubliait pas la sienne, écrire dans ses Établissements qu'*il ne tient de nuluy fors de Dieu et de luy*[1], et l'instant approche où les jurisconsultes

[1] Et non pas, comme on dit ordinairement : « Que de Dieu et de son épée. » (*Établiss.*, l. I, c. LXXVIII.)

pourront traduire le principe romain : *Quod principi placuit, legis habet vigorem*, par la formule célèbre : *Si veut le roi, si veut la loi*[1].

A peine saint Louis fut-il mort, que l'esprit agressif de ses légistes, n'étant plus contenu par sa modération vigilante, se donna plus librement carrière. Dès 1270, ils inventèrent les lettres d'anoblissement, conférées par le roi, mais par le roi seul ; privilége impie aux yeux de la noblesse de race, et contre lequel elle protestait encore, au dix-huitième siècle, comme contre un sacrilége. Les légistes profitèrent les premiers de la mesure qu'ils avaient imaginée ; il n'était pas de docteur ou d'avocat un peu remarquable qui ne devînt noble homme, et l'on dit les chevaliers ès lois, comme l'on devait dire, plus tard, la noblesse de robe. Puis, continuant à empiéter à grands pas sur les prérogatives de l'aristocratie territoriale, ils ouvrirent aux roturiers, malgré une ordonnance de saint Louis, l'accès à la possession des héritages nobles, si bien qu'en 1275, Philippe le Hardi fut forcé de légitimer par une ordonnance la multiplicité des faits accomplis. Ce furent là, messieurs, deux plaies mortelles pour le système féodal, et si Philippe III fit personnellement peu pour la gloire de son règne, on peut voir que, du moins, les légistes n'avaient pas cessé de combattre victorieusement pour la cause de la couronne.

[1] Loysel, *Inst. cout.* Beaumanoir dit déjà : « Ce qui li plest à fere doit estre tenu por à loi. » (C. xxxv, n° 29.)

Mais c'était sous Philippe le Bel que leur puissance devait arriver à son comble. C'était là le roi qu'il leur fallait, élevé par eux, pénétré de leurs idées, appréciateur de leur valeur, et beaucoup moins disposé à entraver leur zèle qu'à le presser au besoin. Ils n'avaient plus sous un tel chef la crainte d'être désavoués; ils se confondaient avec le pouvoir, ils collaboraient avec lui, ou plutôt ils le constituaient. Légistes et roi s'inspiraient réciproquement, et jamais l'esprit d'un gouvernement ne s'est plus intimement identifié avec celui de ses agents. Aussi, pour exposer leur influence sous ce règne, faudrait-il en raconter toute l'histoire.

On a quelquefois représenté Philippe le Bel comme un homme uniquement préoccupé de ses caprices personnels, comme un tyran aveugle, aussi peu soucieux de l'avenir de sa couronne que du sort de ses sujets. Le portrait, messieurs, est mal ressemblant. Philippe le Bel n'était pas un Vitellius. Il appartenait à la classe de ces despotes dont la personne ne se sépare pas de leur sceptre, qui ne sont pas hommes, mais rois, et qui, pour parler le magnifique langage du poëte, à la place du cœur n'ont qu'un écusson [1]. C'était un profond politique, peu scrupuleux, mais fort habile, mélange surprenant de qualités et de défauts, n'ayant ni la vertu de son aïeul ni la sérénité

[1] Victor Hugo, *Hernani*.

de ses vues, mais prodigieusement doué de l'esprit d'administration, et sachant pourvoir, par une foule de mesures spéciales, à tous les événements et à tous les besoins. Figure grave, sévère, terrible à force d'être silencieuse. Il ne parle presque jamais; son langage, ce sont les ordonnances que rédigent pour lui ses légistes. Mais il sait admirablement agir. On a beaucoup parlé de son caractère violent, irascible, emporté; mais jamais la colère ne lui a inspiré une imprudence. Il réfléchit toujours avant de se mettre à l'œuvre, s'enferme, comme dans un secret laboratoire, dans le conciliabule de ses légistes, cherche sa voie, mais, une fois qu'il l'a trouvée, la suit sans qu'aucun obstacle lui puisse résister. Il a le ressentiment froid, le plus terrible, parce qu'il ne s'apaise pas et qu'il ne s'égare pas. C'est la violence raisonnée du duelliste, qui, dans ses plus grands élans, sait encore calculer l'attaque et ménager la défense.

Du reste, tel maître, tels ministres. C'étaient Pierre Flotte, « ce Bélial borgne de corps et aveugle d'esprit, » comme l'appelait le pape; le fameux Nogaret, dont le grand-père avait été, dit-on, brûlé comme hérétique *patarin*, le chef de l'expédition d'Anagni, et qui portait fièrement, en dépit de l'excommunication, les insignes de la magistrature suprême; Pierre de Cugnières, l'infatigable ennemi des privilèges ecclésiastiques, le vainqueur de Pierre Bertrand à la célèbre assemblée de 1329, et dont les prêtres, par une vengeance vraiment bien peu digne de si graves personnages, avaient donné le nom à une statue sur le nez de laquelle les bedeaux éteignaient leurs cierges; ensuite Pierre Frémy, Raoul de Presles, Belleperche, Marigny, Guillaume de Plassian, Latilly et mille autres, hommes qui tous joignaient à l'habileté de leurs devanciers une audace à toute épreuve, sages au conseil et intrépides dans l'exécution, incapables, comme leur roi, d'entreprendre sans réfléchir et de faiblir après avoir entrepris. Ils possédaient surtout au suprême degré l'art de trancher d'un coup des difficultés en apparence inextricables. Il n'y avait que Philippe le Bel et ses légistes qui pussent brûler une bulle, enlever un pape, arracher le Saint-Siége de l'Italie et l'amener sous leur main, convoquer les États généraux, et renverser en un seul jour, et par une simple saisie, la puissance effrayante des Templiers.

Dire ce que firent pendant trente ans ce roi et ces hommes, ce serait impossible. Ce n'est plus le temps où il fallait user de subterfuges pour étendre les droits de la couronne : le masque est jeté, la royauté est toute-puissante, et il n'y a pas de détail où ne descende son action. Philippe IV ne rend pas le Parlement sédentaire, quoi qu'on en ait dit; mais il règle ses attributions, il restaure la Cour des pairs, il établit le grand Conseil, il développe la Cour des comptes; il prépare, par ses principes sur les apanages, l'incapacité des femmes à succéder au trône. Les pouvoirs mal définis sont réglés, les ecclésiastiques sont exclus des tribunaux séculiers et des dignités municipales; l'inquisition, trop favorisée par saint Louis, voit combattre ses prétentions. En même temps, les anciens moyens continuent d'être employés; les appels, les cas royaux, se multiplient de jour en jour; la féodalité, trop tard avertie de son péril, et perdant jusqu'à ses sujets par les aveux de bourgeoisie, veut résister quand il n'en est plus temps, et baisse de plus en plus. Les anciennes institutions se régularisent, de nouvelles s'élèvent, et à travers la confusion inséparable de tant de réformes violemment réalisées, on peut apercevoir, dans un prochain avenir, l'ordre qui se prépare. Mais aussi cette œuvre acharnée de centralisation enlève aux provinces, en détruisant les grandes cours seigneuriales, la force vitale que le pouvoir central n'a pas encore la vigueur de leur renvoyer; les populations souffrent, les plaintes abondent, la situation est souvent menaçante. L'argent surtout manque, et Philippe le Bel, à bout de ressources et de lois somptuaires, en arrive à se faire faux monnayeur, au grand scandale de ses barons, qui s'indignent, surtout parce qu'on les empêche d'en faire autant, et qui combattent l'abus, bien moins pour le renverser que pour le conquérir.

Malheureusement, messieurs, la postérité a souvent le tort de juger les rois, comme les particuliers, sur une seule action. On ne voit pas le bien qui se trouve répandu dans mille endroits, et l'on ne fait attention qu'au mal contenu en quelques-uns, mal qui parfois encore est plus apparent que réel. Prenons pour exemple, dans la vie de Philippe IV, le fait le plus grave pour nous, et par son importance et par la part qu'y prirent les légistes.

La lutte de Philippe le Bel avec Boniface VIII peut nous paraître, à nous, hommes du dix-neuvième siècle, pleine de rudesse, de violence impatiente, d'emportement même et d'irréligion. Nous voyons aujourd'hui les pouvoirs temporels parfaitement affranchis de toute suprématie papale; les partisans les plus chauds de la séparation des pouvoirs ne peuvent trouver au successeur de saint Pierre d'autre puissance séculière que celle des États romains, et il nous semble qu'une négociation avec un trône aussi peu redoutable et aussi digne de respect ne doit jamais oublier les ménagements et la déférence doublement dus à son caractère et à sa faiblesse. Cela est vrai aujourd'hui, mais il ne faut pas oublier quel était l'état des choses au temps de Philippe le Bel. La papauté n'était pas faible alors, tant s'en faut : sa puissance réelle était immense, la querelle des investitures l'avait prouvé; ses prétentions étaient plus énormes encore, puisqu'elles tendaient à la faire reconnaître comme seule maîtresse et seule vraie dispensatrice des trônes de la terre. Le triomphe des papes asservissait l'Europe. La royauté était en ce moment le champion de l'indépendance des peuples. Elle sentait la nécessité de la défense, la légitimité de son rôle, et connaissait trop bien et son bon droit, et la puissance de son ennemi, et la gravité des circonstances, pour ne pas pousser la lutte à l'extrême.

Les empereurs d'Allemagne n'avaient rien gagné à leur modération, et la position de Philippe le Bel ne lui permettait pas d'en avoir. Vaincu par les Flamands à Courtrai, attaqué par le roi d'Angleterre, provoqué et menacé par le pape de toutes les foudres du Saint-Siége, il était obligé d'ajourner et ses attaques sur la Flandre et ses défenses contre Édouard Ier, pour en finir dans l'intervalle et d'un seul coup avec la papauté. La solennité du moment n'admettait pas les demi-mesures. Le pape le menaçait d'une déposition. La bulle allait partir! Quel eût été sur le peuple l'effet d'un pareil acte? Il eût été dangereux de laisser à l'expérience le soin de résoudre la question. Il n'y avait pas un siècle qu'un interdit avait arrêté tous les ressorts de la royauté entre les mains de Philippe-Auguste; allaient-ils être brisés cette fois? Il y allait donc du sort de la couronne, c'est-à-dire de l'État entier. C'était une lutte décisive qui s'engageait. Celui qui aurait reculé aurait succombé, et son peuple avec lui. Pour triompher, il fallait un courage à toute épreuve, une audace presque téméraire, un patriotisme poussé jusqu'à l'impiété. Philippe le Bel et ses ministres eurent tout cela. Furent-ils coupables? Dans la forme, peut-être; mais aussi, si nous considérons que le but était juste; que de ce moment les monstrueux abus dont s'enrichissait le clergé furent atteints dans leur principe, le pouvoir ecclésiastique abaissé comme l'avait été la noblesse, par suite, l'indépendance temporelle du trône, non pas seulement écrite dans les ordonnances, mais assurée par les faits, nous qui pouvons constater ces progrès, n'oublierons-nous pas un peu la rudesse des procédés en faveur du résultat acquis?

Loin de nous sans doute la pensée d'excuser les procédés illégaux en faveur du but, quelque important qu'il soit. Toute illégalité doit être blâmée, et c'est corrompre et souiller les plus belles choses que de les obtenir par la ruse, la duplicité et le crime. Les actes mauvais méritent surtout la réprobation et font qu'on s'indigne, quand ils sont accomplis par des instruments utiles et nobles que l'on détourne de leur destination et que l'on fausse pour en faire un criminel usage. On peut excuser Philippe le Bel du soufflet d'Anagni : il s'agissait là d'une lutte ouverte et non pas de procédés juridiques. Mais qui oserait approuver ce mépris de la légalité qu'affichèrent parfois ceux-là mêmes qui étaient les organes de la loi, ces commissions extraordinaires, instruments dociles des passions du moment, et qui préparaient aux légistes qui s'en servaient de si terribles représailles? Qui pourrait voir, sans un amer scandale, cet oubli trop fréquent des formes judiciaires, qui donne à la justice même l'apparence de l'iniquité, et qui change ses ministres en sicaires et les coupables en victimes? C'est là la plus grave accusation qui puisse être adressée aux agents de Philippe le Bel, et c'est pour cela que le procès des Templiers, frappés peut-être à juste titre, mais illégalement condamnés, pèsera éternellement sur leur mémoire.

Le moyen âge n'est malheureusement pas toujours une école de vertu ; la sainteté y est rare, au moins sur les trônes, et si puissamment que le droit fît dans cette société troublée et agissante sa triomphale entrée, toujours est-il qu'à la fin du treizième siècle ce n'était plus pour ses préceptes de pure morale, mais pour son utilité pratique et politique, qu'on l'acceptait et qu'on l'encourageait. C'était une arme, arme terrible aux mains des grands despotes d'alors, mais qui, si elle alourdissait les coups, ne rendait meilleure ni la conscience ni la conduite. Aussi que de grands exemples, de châtiments éclatants, qui semblent autant de témoignages de cette vengeance providentielle, qui poursuit toujours les criminels envers l'humanité. Boniface VIII meurt de fièvre chaude, en se rongeant les poings, presque fou ; mais il faut savoir que ce même Boniface, pape aux idées de Grégoire VII, mais à la vie de Borgia, avait fait mourir en prison, et peut-être de faim, son propre prédécesseur. Qui ne connaît la fin si triste de la dynastie de Philippe le Bel? Et ses légistes, quelle punition terrible fut réservée à leur audace! Ministres zélés qui n'avaient mesuré ni leur peine ni leur danger, dignes par leur fidélité et leurs services de toutes les protections et de toute la reconnaissance des rois, c'étaient eux cependant qui, dans ces moments où la royauté s'arrêtait et paraissait faiblir, servaient de victimes expiatoires aux ressentiments des grands et des prêtres qu'ils avaient abaissés, et qui, ne pouvant reconquérir leurs anciens droits, se vengeaient au moins sur ceux qui les leur avaient arrachés. Enguerrand de Marigny et Pierre Frémy, pendus; Pierre de Latilly et Raoul de Presles, torturés; Gérard de la Guette, mort à la question, sont autant d'illustres serviteurs qui, après avoir été les soutiens du père, furent abandonnés par les fils, qui scellèrent de leur sang leur dévouement à leur cause, et qui seraient les martyrs du droit, s'ils n'avaient été trop souvent les apôtres de l'arbitraire.

Il ne faut pas cependant, messieurs, pousser les couleurs de ce tableau trop au noir. Nous ne sommes certes pas les partisans du despotime écrasant que les légistes inaugurèrent; mais nous devons reconnaître que, d'après le temps et les circonstances, il fut pour la France un bienfait. Il n'y avait que l'absorption de tous les pouvoirs seigneuriaux dans la main du roi qui pût empêcher ces morcellements de territoire, de tendances et d'intérêts, dont certains États de l'Europe, moins despotiquement régis au moyen âge, nous offrent aujourd'hui de si déplorables exemples. Donc, comme premier résultat de leur œuvre, les légistes contribuèrent à donner l'unité à la France, et cela seul suffirait à leur gloire. Mais il y a plus. Les événements humains ont leurs conséquences, que les contemporains ignorent, mais que l'histoire discerne et que la postérité connaît. Qui sait si cet absolutisme, nécessaire un instant, mais évidemment transitoire, n'était pas un des passages par lequel l'avenir devait conduire le pays à de tout autres destinées? Qui sait si les légistes, travaillant, sans le savoir, à l'œuvre inconnue que révèle la suite des siècles, n'ont pas fait pour la France ce qu'un empereur, dans un moins noble but, aurait voulu qu'on fît du peuple romain? Et croit-on que, s'ils n'avaient pas réuni sous une seule tête l'innombrable multitude des oppresseurs, notre grande Révolution aurait pu les abattre d'un seul coup?

VIII

Mais c'est assez parler, messieurs, de la royauté et de ses développements. Un non moins intéressant sujet a droit à notre attention, et il est temps de détourner nos regards du trône pour dire quelques mots du peuple.

Ici encore nous retrouvons l'influence des légistes, toujours directe et déterminée par deux mobiles : d'abord, parce que la classe non privilégiée était la leur, ce qui les rendait tout naturellement disposés à la servir ; au reste, leur puissance et leur illustration personnelle n'étaient pas sans rejaillir puissamment sur les rangs dont ils sortaient. Une seconde raison, c'est que la royauté avait su, dès son origine, s'unir à cette même classe pour s'en faire un appui contre les seigneurs, leur ennemi commun.

On sait avec quelle faveur les rois avaient secondé le mouvement d'émancipation des communes. Saint Louis, à son lit de mort, recommande encore à son fils de ne jamais s'en séparer : « Maintiens, lui disait-il, maintiens leurs franchises et libertés, les tenant en faveur et amour, car par la richesse et puissance de tes bonnes villes, tes ennemis et adversaires, spécialement tes pareils et barons, redouteront de t'assaillir et de méfaire envers toi. » Il n'entre pas dans nos vues, messieurs, de raconter cette révolution tant de fois et si bien exposée. D'ailleurs, à l'époque où nous sommes arrivés, le régime municipal touchait à sa décadence, et les légistes contribuaient de tout leur pouvoir à déterminer et à hâter sa chute.

En effet, si au temps où la royauté était faible il avait pu être avantageux que les villes affranchies morcelassent la puissance des barons, l'avantage disparaissait à mesure que la royauté s'élevait, et que c'était, par suite, sa propre puissance qui se trouvait entravée. Ce qu'il y avait dans les chartes communales de libertés civiles plaisait naturellement à l'esprit des légistes ; mais une indépendance politique ne pouvait leur convenir. Ils n'avaient pas détruit la puissance locale des seigneurs pour la voir remplacer par celle des villes, aussi orgueilleuses, aussi jalouses de leurs prérogatives, plus turbulentes, et beaucoup moins soucieuses encore de ce qui ne touchait pas directement les intérêts de leur clocher. Aussi s'appliquèrent-ils à enlever aux communes toute chance d'agrandissement pour l'avenir, et à préparer leur déchéance prochaine et souvent volontaire, au moyen de deux idées : la soumission de toute ville municipale au roi, et la comparaison de leur situation avec celle des villes de bourgeoisie qu'administraient des prévôts royaux ; comparaison qui, bien entendu, n'était jamais faite au désavantage des prévôtés.

Dès saint Louis, le premier point avait été acquis à la royauté. « De novel, dit Beaumanoir[1], nus ne pot fere ville de commune el roiamme de France, fors que li rois », et il en donne cette raison si puissante du moyen âge, « porce que toutes noveletés sont defendues. » Et il faut voir encore comment ce même

[1] C. L. n° 2.

Beaumanoir, indice fidèle des idées des juristes et des praticiens de son temps, et peut-être aussi moins favorable encore que d'autres à la liberté des villes, à cause du vieux levain de chevalier que ses fonctions judiciaires n'avaient pu tout à fait étouffer ; il faut voir, disons-nous, comment Beaumanoir conseille aux seigneurs de ne pas céder aux alliances insurrectionnelles de leurs sujets, de les punir au besoin des derniers supplices, et comme il invoque l'histoire de l'émancipation des villes lombardes, pour fortifier ses paroles de l'autorité d'un événement fameux.

Il faut dire aussi que, si nous devons en juger par ce qu'en rapportent les témoignages unanimes de l'époque, l'intérieur des villes de commune était loin d'être un idéal de paix et de tranquillité. Les baillis, chargés d'apaiser ces cités turbulentes et de réprimer les injustices des magistrats qui les gouvernaient, connaissaient mieux que personne les vices de cette organisation et savaient très-bien les faire ressortir. Beaumanoir, à qui nous continuons d'emprunter ses précieux renseignements, nous signale en caractères frappants de vérité la formation de ces aristocraties bourgeoises qui avaient inféodé toutes les charges dans certaines familles, l'irresponsabilité des agents, leurs malversations, l'oppression des pauvres par les riches, les violences et les discordes qui résultaient de cet état de choses, et qui obligeaient le pouvoir à venir au secours de leur faiblesse, « comme on feroit à un enfant sous-aagié. » Il nous semble, messieurs, qu'il y a, dans cette histoire et dans ces tableaux, bien des choses que pourraient méditer utilement de nos jours certains partisans trop irréfléchis d'une décentralisation exagérée.

Les légistes pensaient donc servir à la fois le trône et le peuple en s'opposant de toutes leurs forces aux progrès du régime municipal, et en indiquant aux populations la voie, qui ne tarda pas à être suivie, de la liberté civile sous le gouvernement des officiers royaux. Mais cette transformation des villes de commune en villes de bourgeoisie se prépare plutôt qu'elle ne s'accomplit à l'époque que nous étudions. Elle appartient tout entière au quatorzième siècle, et nous devons, par suite, la laisser de côté.

Au reste, la décadence du régime communal n'est qu'un fait secondaire dans l'histoire du tiers état. Ce n'était pas seulement là qu'il puisait ses éléments de vitalité et de force, et la preuve en est qu'il grandit précisément au moment où les communes tombent. Les villes, indépendamment des franchises politiques, avaient des libertés civiles. La propriété, par suite les moyens de l'acquérir, le commerce, l'industrie, étaient garantis et assurés. De là une source féconde de richesse et de lumières. Aussi les habitants des villes acquirent-ils bientôt une telle importance, que la royauté, lorsqu'elle eut à accomplir quelque mesure générale et intéressant le pays, dut recourir à leur avis. Le rôle politique leur revenait, non plus comme membres de telle ou telle cité, mais comme composant une classe du pays; non plus pour arrêter par des barrières locales l'action du pouvoir, mais au contraire pour l'élever, la faciliter et l'affermir. De ce moment il y eut un ordre de plus dans l'État.

Cette révolution fut moins tardive qu'on ne le croit généralement. Dès saint Louis, il y a des exemples de conseils demandés aux députés des communes et des villes prévôtales, et les noms mêmes de certains d'entre eux nous ont été conservés. Mais l'acte le plus remarquable à cet égard fut la convocation par Philippe le Bel des trois états à Paris, lors de ses démêlés avec Boniface VIII, convocation qui ne fut pas la dernière du règne. Ici encore nous trouvons les légistes : ce sont eux qui inspirent l'idée, et, les États une fois convoqués, les dirigent, les font agir, et parfois aussi en abusent.

L'événement était immense et significatif, et ce n'est pas, à notre sens, un des moins singuliers spectacles que nous fournit l'histoire, que de voir ce roi si absolu, si ami de son pouvoir, et si jaloux de tout ce qui pouvait le limiter, recourir le premier à une semblable mesure, et demander à son peuple un assentiment sans lequel sa force lui eût paru insuffisante et sa responsabilité trop lourde. C'est qu'il y a des moments si solennels, que le plus puissant doute de lui-même, et, sans reculer devant la lutte, veut au moins s'y présenter avec toutes ses forces. Il fallait, d'ailleurs, montrer au pape de quel côté était l'esprit du pays. Les premiers États généraux furent un véritable appel à l'opinion.

On pourrait peut-être objecter que, si les rois consultaient leurs sujets, ils ne les éclairaient pas toujours, et que Philippe le Bel, lors des États dont nous parlons, proposa à l'examen des députés de fausses bulles et de fausses réponses, et non pas les véritables pièces du litige. Cela est vrai, et c'est probablement à cause de sa manière commode de se les attacher que Philippe IV recourut si souvent par la suite à de pareilles assemblées; mais cela ne prouve rien contre l'influence croissante du tiers état. Il est de la nature du despotisme, quand il ne peut se suffire à lui-même, et que, contre toutes ses tendances et tous ses instincts, il est forcé d'en appeler au sentiment public, et par conséquent de se soumettre à son autorité; il est, disons-nous, dans sa nature de se contenter aisément d'une apparence d'approbation qu'il sait toujours se ménager, plutôt que de courir après une réalité qu'il prévoit devoir lui échapper. Mais cela n'empêche pas que le pouvoir ainsi consulté ne soit d'autant mieux assis en droit qu'on a cherché à le vicier en fait, et ces manœuvres, qui peuvent fausser le suffrage en lui-même, ne faussent pas l'autorité qui l'a porté.

Quant aux campagnes, elles étaient habitées par des individus sans pouvoir, sans droit, dépendant uniquement du bon plaisir de leurs seigneurs, et réduites à un état presque bestial. Mais ici encore des modifications se préparaient. Les communautés, les abonnements, les censives, en étaient les éléments. D'ailleurs, la royauté avait pris de bonne heure en main la cause de la liberté des serfs, et l'on faisait alors des affranchissements, comme aujourd'hui des amnisties. La renaissance des idées juridiques favorisa ce mouvement ; Philippe le Bel y contribua plus que tout autre, et sous Louis X, des ordonnances, dictées évidemment par des légistes, proclamèrent que chacun est franc par le droit de nature, et voulant que, dans le royaume des Francs, la chose fût d'accord avec le nom, offrirent la franchise aux serfs à bonnes et convenables conditions[1].

On a voulu donner à cette mesure un but fiscal, mais il nous semble que, s'il en eût été ainsi, la royauté y aurait peu gagné, car le prix des rachats eût été encaissé, non par elle, mais par les seigneurs propriétaires. Et, d'ailleurs, s'il y avait un impôt, il faut avouer que c'est un impôt d'une rare et singulière espèce, que celui qu'on ne paye que si on le veut bien, et qui confère en retour la plus précieuse des libertés.

Quoi qu'il en soit, le fait est important à noter. Les serfs savaient déjà qu'ils n'étaient pas ce qu'ils avaient droit d'être. Plus d'une fois, des insurrections formi-

[1] Ord. des 2 et 5 juillet 1315.

dables, sous des apparences tantôt religieuses, tantôt politiques, avaient épouvanté les gouvernants; il ne devait pas se passer bien des années avant le fameux mouvement dont Étienne Marcel fut le héros; et un demi-siècle plus tard, les Anglais révoltés devaient s'écrier : « Quand Adam béchait et quand Ève filait, où était alors le gentilhomme ? »

> « When Adam delved and Eva span,
> Where was then the gentleman? »

Certes, au milieu d'une société agitée par de pareilles aspirations, ce n'était pas une formule vaine et sans portée que celle qui constatait hautement la franchise naturelle de tout homme, et les légistes, en l'écrivant, devaient savoir qu'il y a de ces principes qu'il suffit d'entrevoir dans ses rêves pour en poursuivre, à travers tous les obstacles, la réalisation efficace et la reconnaissance pratique. Que l'on ne dise pas qu'ils se mettaient par là en contradiction avec leurs idées sur le pouvoir royal. L'alliance entre un despote et ses sujets est impossible quand ils sont en immédiat contact; mais elle est fréquente lorsque, comme alors, ils sont séparés par une institution qu'ils ont un égal intérêt à abattre. L'histoire est pleine de ces exemples. Néron, si odieux aux écrivains aristocratiques de l'ancienne Italie, est encore aujourd'hui populaire à Rome; et ce qui se passe de notre temps, sous nos yeux, dans le pays le plus autocratiquement gouverné de l'Europe, peut servir à nous faire comprendre l'histoire du commencement de notre quatorzième siècle.

Notre tâche est terminée, messieurs; l'action des légistes ne s'arrête pas ici, mais il ne nous est pas donné de la suivre plus loin. Qu'il nous soit au moins permis de jeter un regard en arrière et de mesurer rapidement des yeux la carrière parcourue.

Mes chers confrères,

Nous avons vu les légistes, nos ancêtres, sinon comme individus, au moins comme corps et comme ordre; — nous les avons vus, disons-nous, élever par leur inflexible et imperturbable influence le pouvoir royal au-dessus de la nation; nous les avons vus, et c'est en cela que nous leur devons le plus de reconnaissance et de respect, cimenter l'alliance du pouvoir et des villes, élever ceux qui souffraient, et donner à des millions d'individus, humiliés et taillables à merci, le pouvoir avec la fortune, la considération avec la science. Nous les avons vus, à une époque où la séparation des pouvoirs ecclésiastiques et séculiers ne pouvait pas être encore dans les choses, la préparer en la définissant, et frayer les premiers la voie que cinq siècles entiers ont eu peine à parfaire.

Certes, messieurs, ce sont là pour nous des origines et des titres dont nous pouvons et dont nous devons être fiers. Mais dans tout exemple il y a ce qu'il faut suivre, il y a aussi ce qu'il faut éviter. Les temps changent et entraînent avec eux tout ce qui n'est que transitoire, pour ne laisser debout que ce qui est éternel et immuable. Nous ne briguerons plus comme les légistes du treizième siècle les titres de noblesse ; nous ne mettrons plus notre science au service du pouvoir absolu : les trônes peuvent se passer de nous, et nous devons nous passer d'eux ; si dorées que soient les chaînes, elles ne valent pas l'indépendance. Mais nous nous souviendrons aussi qu'ils ont fait la France une et forte, qu'ils ont lutté contre le fanatisme et contre l'inquisition, que leur sublime impiété servit à la fois la religion et l'État. Nous nous rappellerons leurs efforts pour rendre influent et prospère ce qui était à peine alors le tiers état, ce qui est aujourd'hui le peuple. Nous saurons que les conquêtes pacifiques sont les plus durables, parce que l'épée, qui n'aurait pu les accomplir, ne saurait les effacer. Nous verrons, par leurs travaux et par leurs résultats, que le juste est la base de toute puissance et la garantie de tout progrès ; et, mêlant dans un même effort l'expérience de leurs leçons et les aspirations de nos consciences, nous apprendrons à nous servir du droit pour toujours conserver, et au besoin conquérir, ce bien pour lequel toutes les souffrances sont douces, sans lequel toute possession est amère : **LA LIBERTÉ !**

FIN.

www.ingramcontent.com/pod-product-compliance
Ingram Content Group UK Ltd.
Pitfield, Milton Keynes, MK11 3LW, UK
UKHW021819190726
13853UKWH00003B/1070